Vuelo enloquecido

Grisselle Acosta-Vélez

A mi amado esposo Robert; nuestros hijos Miguel Ángel, Gabriel Enrique, Andrés Roberto, Manuel Alejandro; nuestros sobrinos Raffy, Carlitos, Heribertito, Diego, Jaime, José; mis hermanos Tuty, Heriberto, Dorcas, Roberto; y mis queridos Bryan, Gabriela y Camila Victoria

ÍNDICE

Vuelo enloquecido

Grisselle Acosta-Vélez

Vuelo enloquecido

A Papum, Viva, Ney y Chapi

Vuelo enloquecido

Afloración vital

¡Qué murria* ni ocho cuartos!

Solo ilusión y gozo,

transformado continúo aquí

como un paradigma.

Disfruto callado mi nueva esencia.

Me intuyen en el caos y la discordia.

Irradio vitalidad reanudando los lazos

que entretejen mi existencia inmediata.

La muerte es nada; pura metamorfosis,

evolución sinergética de la interioridad.

Trasciendo el final aflorando mi energía.

---

* tristeza

Grisselle Acosta-Vélez

Tocando fondo

"And sweet is death who puts an end to pain."
(Lord Tennyson. *Lancelot and Elaine.* 1:1000)

Cuento y recuento.
¿Habrá suficiente?
Quiero escabullirme de la angustia del hastío.
La ausencia del calor humano
ha tronchado mi fogosidad.
Confundida me deslizo por el abismo
mientras me observan como un espectáculo.
No entienden la desesperación de este desgano.
Ya no puedo transigir con esa frialdad
ni el dolor de la afrenta.
Mejor será terminarlo.
Fugarme en un sueño
persiguiendo un refugio ilusorio.
La pasión me hechiza;
promete la calma que tanto ansío.
Los escrúpulos no me impiden
tocar fondo.

Con determinación, me lanzo al banquete,
desconsolada por la agobiante soledad,
la inercia de su dejadez
y el desafecto soslayado.
Ya no hay esperanza ni gozo.
No puedo colorear la vida
ni transformar ilusamente la realidad.
El abandono ha desahuciado mi existencia.
Todo el empeño se ha fundido.
No existen alicientes,
solo la ambigüedad de lo quimérico.
La vida es un misterio indescifrable
que abate inmisericorde el ser
filtrando su esencia,
anulando mi ánimo.
Abrumada por el infortunio,
me abrazo a Thánatos.
Adormecida me hundo en las tinieblas.
¡Mierda! Escamotearon mi decisión.

Vuelo enloquecido

Brío encadenado

Soy etérea

        pero esforzada

procuro empuñar

        la vida insondable

eslabonando recuerdos tristes

        reflexionando lo alucinante

creándome hechizada

        ante el espeluznante delirio

de mi existencia efímera.

Grisselle Acosta-Vélez

Perplejidad anímica

- Why... tell me why?
William Wordsworth, *Anecdote for Fathers*

¿Te conozco? ¿Acaso sé cómo eres?
La confusión me aterra...
A veces te recuerdo como creía que eras.
Otras me pregunto quién eres.
Me equivoco nuevamente.
Cada momento te veo y te siento distinto.
Nunca sé qué quieres en realidad.
Ahora sonríes conmigo, ¿hasta cuándo?
Me dejo convencer asustada.
Turbada pienso en lo que viene;
lo que escondes me toma siempre de sorpresa.
Nunca estoy segura; deseo constancia.
Me confunde tu manera de quererme.
No la adivino; no puedo comprenderte.

Me asaltan la memoria los momentos vividos:
la felicidad, la angustia, la tranquilidad, el terror.
El pánico ante la posibilidad de un estallido,
inesperado y temido; prefiero no pensar.
Aunque el amor nos une, la incertidumbre permanece.
Las palabras no explican tu conducta
ni tus acciones hablan claramente.

El ritual cíclico se perpetúa infinitamente...

Presencia infinita

A Papum

Continúas... vigilante.

Lleno de anhelos

y esperanzas no marchitas.

Te vas y regresas.

Nunca te alejas demasiado.

Recorres el infinito

para resolver el incógnito.

¿Hasta cuándo?

Como siempre

sigues en tu lucha eterna.

Los años han pasado

sin detenerse el tiempo

ni disolverte el olvido.

Transformado etéreamente,

nos amparas.

Te desplazas a esta vida;

sin descanso para ti.

¿Qué te aferra implacable?

El amor

Poco sirven las palabras,
si las miradas no conversan locuazmente;
si el silencio no les lleva a comprenderse;
si no caminan el trillo enlazador;
cediendo fogosamente el espíritu
sin perder su identidad esencial.

Sembrando detalles se alimentan los sentidos,
aunque nunca se da lo suficiente.
Si esperas algo a cambio... no amas;
sólo deseas. Te sentirás usado,
envilecido en la espera,
hastiado por la ausencia de lo pretendido.

El amor es un obsequio; no cuesta nada.
Florece, ilumina y fortalece el alma.
Lo entregas dadivosamente, nunca exige.
Si te corresponden, eres afortunado.
Si nada esperabas, no habrá desaire.
El amor irradia felicidad en tu existencia.

Vuelo enloquecido

La oquedad

"Pero jamás llegué al centro de su ser."
Octavio Paz: *Mi vida con la ola*

Te desconozco…

en la medida que más te conozco.

Sonríes, fatuo en tu necedad.

Farsante, embaucador, embustero y cínico,

eso eres y yo… ingenua

acopiaba tus dichos y tus acciones

segura en mi fascinación por entenderte.

Amamantaba un cretino

que estrangulaba el acercamiento,

impidiendo la comprensión de su ser.

Emerges inconsciente e incógnito.

En deferencia, me escurro

ante la pugna infructuosa

con un vacío.

Grisselle Acosta-Vélez

Hoy, realidad inmediata

-Hay momentos en que la audacia
es prudencia.
Clarence S. Darrow

La inexistencia perturba mi vida
con su hambre insaciable.
Hoy siento como
se amilana ante la escasa fuerza
para continuar la lucha.

Hoy me arrastro ante las circunstancias
del teatro montado día a día
para ocultar la realidad inmediata.
Apenas queda un soplo
para guarecerme tras la máscara sonriente.

Todo es pura comedia,
no existe espacio para la seriedad.
El pensamiento perspicaz
se enmohece alucinado
ante la luxación* metódica de las ideas.

La soledad se convierte en artífice,
creando un remanso de paz y alegría.
La vida marcha sin esperar.
Me aferro a mi identidad,
disfrutando la esencia emancipadora.

---

*trastoque

El portal mágico

"No hay genio sin un grano de locura."
Aristóteles

Vacilas confuso ante el embrollo

enajenado de tu existencia maldita.

Buscas un encantamiento prodigioso

para llegar a la autodeterminación de tu esencia.

Te rebelas ante la realidad circundante

hechizado por las ideas descabelladas

como un sortilegio

consagrándote al portal mágico de la locura.

¿Liberación o demencia?

¡Emerges estremecido por tu aterradora vivencia!

Inexperto, ignorante, has roto las barreras;

el sosiego que visualizas

se escurre entre tus pensamientos.

Reflexionas sin armonizar tus ideas

mientras descubres… ¡no hay regreso!

Grisselle Acosta-Vélez

Encrucijada

Emerjo suavemente del cuerpo.
        Me inunda la tranquilidad.
Divorciada de la terrible realidad
        (de los gritos, la desesperación).
Floto sobre el caos
        impulsado el espíritu.
Vislumbro una luz apacible
        impelida por el deseo.
Nada me sujeta.
        No hay dolor ni tristeza,
solo alegría y complacencia.
        Una inefable libertad y bienestar,
un dulce silencio ininterrumpido
        me arropa en el viaje.
La luz se intensifica con mi regocijo
        conforme me acerco más.
¡Qué júbilo!,
        pero no puedo avanzar.
Me detiene su voz: "GRISSELLE, GRISSELLE".
        La luz se atenúa; se aleja,
propulsada en el vacío,
        halada por mi nombre
retorno angustiada al tormento.

Le garnison *

Marchas sí como cada día.
Hoy regresas; mañana no.
El espíritu siempre ausente
en la presencia física
inmutable, lejana y continua.
¡Maldito seas!

Ya no hiere tu ausencia ni tu indolencia,
mortifica la impotencia del conocimiento.
Dejadez en el vacío inconcluso
conforme al hábito
que lo acepta desapercibido.
Celebración vacua de una rutina.

———

*La prisión

Contigo estaré siempre

A mi esposo Robert

A tu lado en la memoria escondida;
pues sólo se quiere lo que ya no está.
Al difundirse la presencia,
la ausencia prende en deseos.
Recordarás los detalles.
Revivirás en tu mente las palabras,
los gestos, todo lo hecho
y lo que no llegó a ser.
Sabrás entonces cuanto te quise.

Allí estaré contigo siempre
como lluvia, brisa, Sol o estrella.
Seguiré amándote en la eternidad.
Te veré tranquilo... feliz,
sin preocupaciones.
Todo habrá acabado.
El tiempo borra pasiones.
Enciende los ánimos.
Me tienes y no sufres.

Comprenderás entonces
lo que tantas veces quise explicarte.
Ya no habrá recelos ni rencores.
El amor sellará la paz.
Si al leer mi canto te entristeces
y las lágrimas asoman a tu rostro;
no me llores; estaré junto a ti.
Tranquila, apacible y alegre
como siempre deseaste que estuviera.

Vuelo enloquecido

Quimera

"La muerte es una quimera:
porque mientras yo existo,
no existe la muerte;
y cuando existe la muerte,
ya no existo yo."
Epicuro de Samos

Abro mis ojos,
me miro en el espejo,
veo… la ansiedad
y el hastío de sobrevivir.
Increíble,
cuanto he luchado.
Finalmente,
como me han acosado
sin entender la verdad,
este cansancio insensato,
el vivir constante
sin luz al final.
Critican sin comprender
el dolor vacuo
de una vida hueca
sin tregua ni descanso.
Anhelo esa paz
que se vende a colores
y me ataja en el camino,
me llama con su silencio
a mi nueva identidad.

Evasión

Espeluznante es la realidad
por eso enmudeces tus vivencias
refugiándote en la opresiva liberación
de tu demencia.

Inocencia

"Inocente es quien no necesita explicarse."
<u>Albert Camus</u>

La mariposa susurra al capullo de rosa

brotando consentido por la caricia del Sol

amparado por la brisa sutil del viento

despertando destellos en los ojos ingenuos

que maravillados se detienen a admirar la creación.

Grisselle Acosta-Vélez

La realidad inefable

Solo notan la alegría y la sonrisa pintada,
no se dan cuenta del dolor sobrehumano
que exige la vida para poderla enfrentar.
La angustia, el hastío, el pánico
mueven los cordeles de mi vida.
Mis lágrimas hacen reír,
a los que ignoran
que solo soy una fachada
para matar el tiempo que me asola y desquicia.
Todos se fijan en lo cómico
y lo festivo de mi personalidad
sin captar la realidad que afronto.
Todo apunta a la felicidad
cuando la tristeza se impone
en los fueros internos de mi ser.
¿Será ignorancia o una salida fácil
ante la evidencia que no quieren aceptar?
El choque es brutal y el empuje
para salir adelante indefinible.
¿Hasta cuándo podrá el circo continuar?

Vuelo enloquecido

Si me amas

Si me amas, sé feliz
pues yo lo seré muy pronto.
No me llores como si no lo fuera,
estaré viva en tus pensamientos.
Recuerda los momentos compartidos
cuando creíamos estar en el paraíso,
fuimos felices, disfrutamos la vida,
gozosos ante el inicio de cada día.

Claro... hubo situaciones tristes,
pero dividíamos el dolor y la angustia;
nos sosteníamos mutuamente.
Uno caía, el otro lo levantaba,
nos poníamos en pie
y recorríamos el camino
mano en mano
recluidos en nuestra propia fantasía.

La realidad insensata golpeó fieramente
el capullo de esa ilusión.
Se ensañó sin motivos
contra la dicha que se escapó,
dando paso libre a la agonía.
¿Por qué no entiendes?
La mirada delata el caos de la destrucción.
¿Cómo puedes vivir al margen de esta verdad?

Grisselle Acosta-Vélez

¿Lloras por mí o es tu egoísmo lo que me detiene?
Ya mi encuentro es seguro;
todo llega a su fin.
No me detengas con tu llanto;
déjame ser la estrella
que te alumbre hasta la eternidad.
Si me amas, rescátame de esta tristeza
para alcanzar el remanso prometido de paz.
No estarás sólo; sigo entretejida a tu vida.

Vuelo enloquecido

La tristeza encarnizada

"¿Lloras? Y ahora... ¿por qué lloras?
Nadie te ha hecho nada.
Últimamente sólo sabes llorar
... para que te cojan pena.
¿No entiendes que eso molesta?
Nos haces impotentes ante tu lloriqueo
que continuamente reanudas a intervalos."

Un silencio rompe la incomunicación.
No respondes, ¿para qué?
Pretenden que expliques lo que no sabes.
Lloras porque necesitas sacarlo fuera.
La tristeza se infla
y te aprieta el corazón.
Intentas ahogar el llanto.

¡Imposible! Ahora es peor,
el desafecto te desarma...
Explotan las lágrimas en ríos
que inundan tus mejillas.
La congoja se desata;
irrumpe en sollozos interminables
que sacuden el alma entera.

"¡No me gusta que llores!
HABLA; DEJA DE LLORAR.
Te encierras para molestarnos.
Lloras para fastidiarnos la vida.
¡Quieres que seamos los culpables!
BASTA YA DE TONTERÍAS.
Salte de ahí, suspende el llanto."

Grisselle Acosta-Vélez

Te levantan con un halón,
con una fuerza mayor
que provoca pánico.
La ira de su compasión
enciende sus ojos
furibundos y rabiosos.
Hay que aplacar al demonio...
Tragas duro y encierras el llanto en tus entrañas.

Indefinición metafísica

-A poet is the most unpoetical of anything in existence,
because he has no identity; he is continually informing
and filling some other body.

John Keats, *To Richard Woodhouse*

No sé...
al menos no quién era.
El tiempo me ha ido borrando
poco a poco;
porrazo a porrazo.

A veces se enciende el recuerdo de cuando era,
pero la vivencia no se logra.
Anhelo quebrantado de la imaginación,
pasado sin huella,
olvidado a fuerza del teatro vivido
para desbancar los desafectos
y ganarme las trincheras.

Me fui esfumando sin querer,
ya no soy ni seré;
¿quién entonces libera esta esencia?
El trecho es corto,
si el arrojo me permitiera
saltar las barreras impuestas,
que me mutilan el espíritu
y descansar no dejan.

Grisselle Acosta-Vélez

Cuajo de ilusiones

> "La ilusión vale cuando la realidad
> la toma de la mano." Anónimo

En tu delirio de fantasía

desdeñas lo prosaico

buscando lo ilusorio

para escapar de lo evidente.

Necio, escudriña tu realidad.

Sé prudente y anímate.

Atrévete a ser.

¡Tu persistencia augura el triunfo!

Vuelo enloquecido

Coqueteo con la muerte

Absorto en tu propio mundo,
abonas las peores imágenes
de los momentos más difíciles
a los más insignificantes
hasta convertirlos en un suplicio infernal.
Entonces no hay salida ni explicación;
solo se enciende la angustia inclemente
abrazada a tu mente que ni se extingue ni te da paz.

Retomas el martirio, lo enfocas sin remedio.
Cuando se está en el pozo profundo,
resulta más fácil dejarse hundir
que amansar el tormento que cala tu ánimo.
La desesperación ahueca tu mente;
el espanto te incapacita; la muerte te embriaga.
Esa ida te reconforta con falsas esperanzas
de sosiego y de paz eterna.

Cierras los ojos; te adentras en ese mundo ilusorio.
Sientes miedo, tal vez, pánico.
Reconoces que sólo añoras elevarte;
escapar las vivencias
que enloquecen tu espíritu.
Tus ojos se cubren de lágrimas,
reconstruyes el puente y
te aferras a la vida otra vez.

Grisselle Acosta-Vélez

El intento fugaz

A las víctimas de violencia doméstica

- What? How dare you?
- Why not?
- Cést ma vie! ! ! *
Te petrificas ante lo dicho...
El sobresalto te agita el alma.
¿Has roto el encadenamiento abismal?
Ese desafío angustioso te consume.
Su mirada atónita te traspasa doblegando tu esencia.

Atragantas tus lágrimas
y lavas en silencio la rebeldía inaudita.
Retrocedes... ante el hecho irreconocible,
titubeas... adivinas el pasme iracundo.
La furia desatada te constriñe;
retomas enmudecida tu conducta,
amoldada e impregnada en las células de tu piel
por los siglos de los siglos.

Te callas acorde a lo esperado.
- ¿QUÉ DICES? TE ESCUCHO...
La traición se hunde vorazmente.
Coagulas el suplicio avergonzado.
El descalabro ardiente abre la herida mítica.
Te rindes al ultraje de tus creencias.
No eres sino un asco de gesto;
una sombra cobarde. ¡Mariposa aciaga!

---

*¡Es mi vida!

¿Así es el amor?

-But love is such a mystery,
I cannot find it out:
For when I think I'm best resolv'd.
I then am in most doubt.
Sir John Suckling, *I Prithee Send me Back*

¿He cambiado? Eso dices.
El tiempo te ha ido borrando clemente,
aunque pareces distinto; te siento igual.
La espera confunde la realidad.
Las vivencias se desvanecen
a fuerza de no ser recordadas.

¡Qué incertidumbre!
La ventisca cargó con tu canto;
el aguacero ahogó la pasión.
Insistes en que me amas.
Eso crees; ojalá fuese cierto.
Tal vez, te sea conveniente.

El amor vive presente
en todas circunstancias;
ni se esconde ni se confunde
en el correr de las horas
ni los días ni los años.
Se mantiene incólume aun en la ausencia.

Tu voz se transformó en susurro,
en la lejanía inmediata con que te escudas.
Tu calor se difundió en la espera
acrecentada por el aislamiento
que tu privación recreativa impone.
Desapasionado... me apartas constante.

Grisselle Acosta-Vélez

El silencio empedernido

> - Nada fortifica tanto las almas
> como el silencio; que es como una
> oración íntima en que ofrecemos a
> Dios nuestras tristezas.
> **Jacinto Benavente**

Callo... sólo sé callar.
Observo diligente las señales,
si se diera la posibilidad.
El momento seguro,
si pudiera dialogar…

Intento fútil
para terminar peleando.
Nadie comprende
lo que pasa en mi interior,
tampoco puedo explicarlo.

Hay que vivirlo.
Pasar por la experiencia
para comprender el vacío
y el dolor inagotable
de este collar de lágrimas.

Prefiero callar, es más sencillo.
No lastimo sentimientos,
la mole poblada de sensaciones
petrifica la voz.
Sólo el silencio habla.

Entonces... ¿por qué gastar palabras?
La situación empeora,
no se resuelve nada.
Déjame muda para no arrepentirme
al no encontrar respuestas en tu corazón.

Vuelo enloquecido

Mi alma suplica de rodillas
frente a la muralla de tu cuerpo.
Cada pensamiento se transforma
en plegaria para encontrar
la esperanza y la ilusión ya marchitas.

Cuando hablo, no escuchas,
zumbas tus consejos como bloques
que aplastan la fantasía encendida
de ser aceptada y comprendida.
Tu verbo me roba la fuerza.

Las ideas no se encarnan en palabras;
son percepciones apresadas.
La tristeza alojada en mi sentir
me enmudece la voz para hablarte.
Contemplo todo desde lejos en silencio.

Grisselle Acosta-Vélez

La vigilia

-Como si entre mis pasos se paseara la muerte
desde el cielo me miran consternados los astros.
Julia de Burgos. *Es un algo de sombra*

Terrible es la espera para ese instante.

¿Cuánto dura el recorrido por la siniestra senda?

Me ilusiono con reprimir el hastío,

acallar las congojas y los sinsabores.

Ya marchita, persigo el éxodo,

abrazar la inconsciencia aviva el deseo;

acaricio enérgica el pensamiento vacuo,

eufórica sopeso el fin.

El pánico sobrecoge mi ánimo,

atolondrada flaqueo ante el brote;

las imágenes almacenadas

alteran mi conciencia.

¡No me atrevo! ¡Me falta valor!

Las vetas de fuego se prenden en mi mente.

La vigilia se prolonga indefinidamente.

No será hoy. Tal vez... mañana.

Vuelo enloquecido

Thánatos

-Death has made his darkness beautiful with thee.

Lord Tennyson, *In Memoriam*

Revoloteando lentamente invades mi espacio.
Te acercas sigiloso con escalofriante reafirmación,
intransigente como indescriptible.
Sinfonía siniestra afrentas mi sosiego.
Tu karma te abochorna;
te desvaneces como un espejismo,
pero tu presencia espeluznante te delata.

-¿A quién acechas?, cuestiono.
Me susurras obstinado,
resisto tus infernales murmullos;
no deseo escucharte. -¡Aléjate!
Pertinaz sostienes tu ronda perversa.
Insensible obstruyes mi fuga,
reconozco tu infalibilidad.

Luchar ya no tiene sentido.
Agüero presagiante, afixias la voluntad,
enmarañando mis pensamientos,
pisoteando la esperanza.
Las vivencias gratificantes me aferran a la vida,
emergen las dudas entre las lágrimas,
y se evapora la treta de la fatalidad.

Grisselle Acosta-Vélez

Por un instante, la angustia amordazó
el grito coagulado en lo recóndito del corazón,
aniquilado por los desafectos.
El ocaso alucinante se iluminó,
ilusionándome con el artificio de lo desconocido,
con la nostalgia del reposo
y la fragancia del olvido.

¡Qué osadía la tuya!
Profanaste mis valores.
Al disipar las inquietudes,
lo fatídico transformaste en magnífico,
para guarecerme en una quimera
y consumirme en el fuego eterno.
¡Te crees invencible!

Vuelo enloquecido

Te necesito ahora

-Las sombras se han echado a dormir sobre mi soledad.
Julia de Burgos. *Entretanto, la ola*

No comprendes que busco mi ser
perdido para siempre en la oquedad,
atiborrado por falsas ilusiones,
esperanzado ante los propósitos
que se borraron en la lucha
contra los tiempos difíciles
temerosa del olvido de Dios.

Intenté sembrar bondad y comprensión,
de tocar otras almas
para compartir sentimientos.
Encontré celos, apatía y maldad.
La incertidumbre agotó el ánimo,
remató con silencio las penas,
ante la confusión y las dudas.

¿Cómo alcanzar la sabiduría?
Si en la búsqueda de la verdad
no llegué a conocerme a mí misma.
Por lograr aceptación y ganar afectos
complací hasta despersonalizarme;
me aniquilaron con su ojeriza,
rebelde... me revestí con una coraza.

Te necesito ahora
para perseguir mis sueños
y descubrir quién soy;
para romper la sombra del engaño,
encontrar el espacio,
que renueve la esperanza
y recobrar mi vida.

Grisselle Acosta-Vélez

Amordazada

Presagio enardecido ante el centelleante furor

que confiesa inocente la aprisionada

Destellos de liberación resuenan callados

en la cúspide del terciopelo azul

apuntalado por los dulces buitres sangrientos

Ecos dispersos cuajan la emancipación

tragando el vino profano del opresor

Vuelo enloquecido

Delirio atropellado

-Sí, es para ti. "Amar es estar dispuesto a dar la vida por el otro."

Juegas al amor, sin entender
lo peligroso que te pueda resultar.
Te escudas solitario, agarrándote
como si fuese una piedra de salvación,
dispuesto a encontrar los mismos resultados.

No se cambia en un momento.
La confianza se pone a prueba
en las duras dificultades de la vida.
No escuchas, te molestas,
no deseas estar solo,
prefieres el desatino a la soledad.

¡Qué pena! Tronchas tu porvenir,
grave fallo.
Furioso reflexionas al garrete;
trágate el señuelo de las excusas.
En los duros retos,
en las experiencias que exigen sacrificio,
allí te dejan.
Solo perdura lo verdadero.
Ya verás...

No empeñes tu vida a las pasiones.
Tu delirio atropellado tantas veces,
ofusca la razón y el propósito
hasta llevarte al círculo del fracaso.
Descubre lo mejor de ti,
para que puedas amar la vida.

Lo indecible

Las palabras que no pueden decirse
brotan luminosas por los ojos,
y se evaporan inmediatas,
avergonzadas;
por la falta de voluntad,
pues impetuosas persisten en correr.

No las mires,
me humillas cuando lo haces.
No lloro por ti,
sino de coraje,
por la rabia contenida.

No te debo explicaciones;
no las escuchas
airado ante el llanto,
ignorante de la verdad.

La espera

Se agudiza en la monotonía.
La vida fugaz gira en su entorno,
desvaneciendo las hilachas rotas
de los pensamientos repletos de hastío.

Marchas otra vez, a la búsqueda
con las ansias de violentar
lo indescifrable de la espera.
Sueñas, sí…
concretar su fondo
y enfrentar la realidad.

Imposible, se escapa a la experiencia.
Lo inminente te zambulle indecorosamente.
Iracunda retornas al afán desenfrenado
que exaspera tu obstinación.

Grisselle Acosta-Vélez

La tristeza soy yo

"Ninguno desea darse tristeza a sí mismo."
Séneca

La aflicción estrangula

el corazón y el espíritu;

el aura ya no brilla

corroído…

necrópolis de melancolía

y soledad nefasta.

Vuelo enloquecido

La encerrona

Las determinaciones tomadas
persiguen furiosas
las transformaciones que la madurez alcanza;
sin treguas ni alivio
como Erinias vengadoras.

Confrontas un desafío perenne
que te enclaustra en misterio
ante el pánico de perderte
doblegada en el hábito callado.
Proteges tu espacio.

Te consumes en esa búsqueda insoñable
que opaca y profundiza tu mirada
y descubre la confusión interna.
El disturbio nubla tu rostro.
Aún así, te reprochan tu silencio y lejanía.

Tragas el infortunio día a día
en la encerrona bestial
donde vives suspendida,
flotando como un fantasma solitario
buscando la luz que alumbre tu andar.

La huida

Espeluznante es la realidad,
por eso enmudeces tus vivencias
refugiándote en la opresiva liberación
de tu demencia.

La autenticidad ilusoria

Lo soñado virtualmente se confunde
en la rutina diaria
alimentando anhelos
hasta crecerle alas que la liberen
de la realidad inaceptable.

Ese desconcierto indefinible entorpece la vida;
la incertidumbre define el espacio.
¿Qué es lo real? ¿Qué es lo fantasioso?
El estado anímico lo determina
según la coyuntura enfrentada.

La estabilidad se alcanza con el pensamiento fugaz,
que tangibiliza y detiene lo excepcional,
para sustituir el tedio y la tristeza
con el resplandor ilusionado del espejismo.
El ardid acicalado ratifica el ensueño.

El tiempo apremia; resiste el esplín.
Acucia tu espíritu...
Lánzate con brío al horizonte.
Anímate a implantar
tu esencia auténtica.

Grisselle Acosta-Vélez

La crisopeya oceánica

La inmensa soledad abraza
y aporrea en medio de la multitud.
El corazón busca un resguardo...
No lo encuentra, pero lucha,
al menos intenta buscar un amparo.
Penetra en tus adentros,
sacude el descuido y revela tu osadía.

Sé ola, que al descubierto arremete
loca, con ánimo, sin importarle nada,
y pelea, sí, una tras otra,
a veces, tan desconcertada,
que se ensancha sobre sí misma,
sin terminar la llegada,
con su cresta diluye los círculos espumosos
que intentan detener el embate mayor.

Unas olas coronan la orilla,
otras se empalan sin llegar,
pero envalentonadas,
cancelan el regreso de aquéllas
que alcanzaron la playa
colándose entre la arena
sin tener que retornar al vasto mar.

Con bravura se aventuraron en ese refugio,
para aceptar un reto desconocido,
solitarias, sin compañía.
Se erigen en su constancia.
¿Qué será de ellas?
¿Ratificarán su tesón,
entrelazándose al entorno?

Vuelo enloquecido

¿Regresarán al mar en el próximo oleaje?
¿Acatarán sumisas el arrastre obligado,
abatidas por la soledad de su impulso?
O en consorcio, ¿traman eludir su retorno?
Rompiendo el ciclo barbárico de su fluir eterno,
aferradas a la increíble maniobra,
optan por empuñar su autonomía.

Reacias a la grandiosidad vacua del mar,
se escurren entre los granos de arena
para descubrir su misteriosa libertad.
Se niegan a continuar en la sujeción audaz,
brillante, pero marginada de toda individualidad.
Prefieren lo particular para satisfacer
su esencia única, explicable y solvente.

-¡Qué insolencia!, piensan los ineptos que
no comprenden la sed interna del ser uno!
¡Qué prudencia y júbilo al disfrutar de lo real!
Pasmados ante esa alegría burbujeante
comentan lo inaudito de tu comportamiento.
Sigue... continúa... no te descarriles.
¡Solo tú saboreas el éxito de lo alcanzado!

El llanto callado

La pesadumbre amamanta la melancolía
de un sueño inefable e imposible.
Deseas concentrarte en la probabilidad,
aunque seguro te enfrentas al absurdo
que germina la idea misma,
destinada a nunca ser realidad.

Reflexionas para qué perder el tiempo
en ese lamento perpetuo que no resolverá
las circunstancias que envuelven tu capricho.
La razón te inflama el deseo; las fuerzas flaquean,
atrapado en un torbellino de desvelos sin fin.
Cargas en silencio el desconsuelo de tu existencia.

La vivencia quimérica te duele y te enloquece.
Se resume y se adentra en tu cerebro;
la eterna ausencia intensifica el recuerdo;
tus ojos ciegos buscan la imagen que nunca verán.
Desolado pones la mano sobre tu corazón.
Retomas la causa de tu vivir intenso.

Vuelo enloquecido

Prisioneros en marcha

Lo particular lleva a la soledad,

Averno infinito del espíritu marchito,

absorto, ensombrecido, derrochado.

¡Somos cómplices de nuestro hastío!

Revelaciones internas

Soy la mirada refulgente que revelas
ante el reflejo plano y fulguroso.
Me devuelves sigilosamente mi imagen.
Las palabras desbocadas por salir
quedan atrapadas entre mis dientes,
cárcel infalible de las voces
atropelladas y degustadas
que se internan buscando su libertad.
Me veo observándome inquieta y perpleja
en una tormenta de miradas entrecruzadas.
-¿Quién soy?
El silencio cuaja,
las palabras no se dicen,
pero los ojos conversan
entre la búsqueda azuzada del escape.
Resplandecen las pupilas,
engrosadas en el fuego interno
de su comprensión.
-NADIE.
-¡Qué punzante tu respuesta!
-Eres veleta girando al soplo de otros,
carente de amor.
-¿Quién soy?
-NADA… no te basta.
-¿Qué no entiendes?
-Quiero ser… ¡mírame!
Mi luz fluye y se refleja en ti.
Tengo consciencia y fortaleza,
tú me observas y reniegas la verdad.
Mi mirada fulminante te carcome.
-¡Soy esencia, aunque no lo quieras!

Vuelo enloquecido

A Viva

¡Qué gran vacío has dejado!,
mi paloma herida.
Thánatos con su cítara divina encauzó tu ida
cuando los albores mañaneros
abrieron el sendero de tu salida.

Exhalaste tu último suspiro
tenue, calladito y sereno
confundiendo tu sueño en un adiós
que no esperábamos.

Viva, mamín querida,
tú que entregaste tu corazón a tantos,
hoy te marchas deslumbrante
al glorioso encuentro.
Se ha cerrado el círculo infinito
de tus ensueños, frágil mariposa,
te levantas intrépida en tu vuelo.

¡Ya no eres!, pero sigues siendo
el núcleo de nuestras vidas.
Tu espíritu aletea entre nosotros
aunque observes desde lejos
tus susurros nos alientan,
luciérnaga radiante,
flujo de amor y bendiciones.

Triunfante te marchaste
al encuentro con Papum y Dios.
Nos dejaste a la sombra del crepúsculo
y el llanto inunda la vaciedad
de tu partida inesperada…
¡siempre te visualizamos eterna!

El reflejo

Distraída y confundida me acerco.
¿Soy yo acaso?
No me reconozco.
El tiempo ha pasado;
sus huellas le han robado
el destello a las pupilas.
Extasiada… me contemplo.
¡Qué lejos me siento del reflejo!
Me observo y veo en los ojos opacos
la amargura oculta,
la fantasía de un sueño trastocado.
La rabia se enciende
y el fulgor chisporrotea
encendiendo dos estrellas.
No puede ser; soy de armas tomadas;
se me encandila la mirada
y sigo adelante.
La furia silente borra la visión nefasta.

Vuelo enloquecido

Le titre d'une mission*

A Chapi, mon père et mentor

Satisfait ? Ton rebelle a été adapté à la vie.**
Por años me negué a cantar tus versos,
me inquietaba que no fueran míos;
sólo tuyos. Calladito susurrabas...
-Poeta, hija amada, viviré en ti,
cantarás mis cuitas y pasiones.
Temblaba ante la agonía de no ser;
como Erinia fustigada rompía mis versos.

Avez-vous fait rire? Vous m'avez trompé de nouveau,
prétendue préoccupation pour votre fille.
Vous avez crec que vous omnipotent et sage Zeus.***
Ya no, ahora entiendo, te divertías...
Podías leer el alma en mi mirada;
no importa... no guardo resentimientos.
Eres fantasma alucinante en mi pasado.
Te encarno y te doy vida cuando quiero.

Ahora sí me atrevo, me enseñaste demasiado.
Me tomó tiempo descubrir la verdad.
Brilla el Sol en mi oráculo...
Atesoro recuerdos maravillosos
que metamorfosearon aquel gusano
en crisálida para convertirme en mariposa
de tu raza y estirpe como tú querías.
Retomé mi vida, la esencia era mía.

---

*El título de una misión
** ¿Satisfecho? Tu rebelde se adaptó a la vida
***¿Te ríes? Tú me has engañado una vez más/fingiste preocupación por
tu hija / te creíste Zeus omnipotente y sabio.

Grisselle Acosta-Vélez

¡Qué caro me costó tu amparo!
Tus enemigos se convirtieron en míos;
los cobardes no se atrevieron a ir contra ti,
me acosaban para hostigarte,
pagué con creces tus querencias,
pero a ti te desgarraron el corazón.
Urdían tras bastidores para hacerte daño,
eran ambiciosos, hipócritas y envidiosos.

Cuando tu cuerpo traicionó el espíritu,
no te tendieron la mano, se abstuvieron
sucios de corazón y desalmados,
se creyeron librados de tu genio.
Prepotente impusiste tu voluntad,
mostraste tu empeño y ganaste;
te arrastró el sueño de los sueños
hasta el torbellino del silencio.

Vives por ti, sin realidad alguna
en los pensamientos y los recuerdos
de los bastardos, los putativos y los escogidos.
Tu presencia fugaz encendió la lumbre
del llanto callado que florece
al andar por los caminos trillados
de la pasión que atrapa tu ausencia
deslizada en el mutismo eterno.

No soy tú, pero éramos casi iguales;
testarudo por pertinaz,
irascible por irritable,
perseverante por insistente.
No me moldeaste a tu imagen,
tampoco fui un calco de tu vida,
era así... te reconociste en mí;
me declaraste legítima.

Vuelo enloquecido

Fuiste mi amigo, mi mentor, mi papá;
probabas mis bríos continuamente
para asegurar mi marcha.
¡Triunfaste!... lograste tu sueño,
despertaste en mí tu vocación.
Nutro mis alumnos como lo hiciste conmigo.
Instigo y motivo para que descubran su potencial.
Soy sombra y reflejo ardiente de tu caminar.

Marioneta alelada

Para ti

Cuán irracional...
esa búsqueda del ser.
Identidad frustrante
con dimensiones humanas.

Te criaron objeto,
anomalía abatida
que sola sollozas y recoges
los pingajos de los demás.

Fatua labor
de sentimientos encontrados
ciénaga repleta de culpas,
de fracasos y congojas vicarias.

Sigues ahí...
en el esplín desesperante.
Te crees nada... ¿eso eres?
Y... ¿aun abrigas esperanzas?

Estulticia arrumada y agraviada
acucia tu brío.
Retoma tu esencia.
¡Aporrea y ACLAMA!

Vuelo enloquecido

Canto fallido

- and most lov'd; despis'd!*
Shakespeare, *King Lear*. 253

Rompes el silencio

con la mentira alentadora.

Quemas la lealtad,

grillete autoimpuesto y virtuoso

que no mereces, pero recibes gratuitamente.

Y lo sabes, no te importa...

Destruyes el espíritu paso a paso

sin consideraciones.

¿Con qué fin?

¿Tendrás alguno?

Ensánchate en tu misterio altivo,

alacrán inconsciente de tu desvarío.

Alejado del dolor,

tu egoísmo te erosiona

y enciende el veneno de la esperanza.

---

* - lo más querido, ¡menospreciado!

Grisselle Acosta-Vélez

Irrealidad

Sueño que soy sin serlo

nefasta ilusión de un certero cuervo

que incita mi ingenua pasión

a cambio de un beso puro y perverso

Vuelo enloquecido

Inmortalidad auténtica

A Viva
"La muerte es el comienzo de la inmortalidad."
Maximillian Robespierre

Un sueño inexorable

transformó tu esencia.

Sumisa y diligente

partiste al encuentro,

impulsada por el deseo

de tu salvación.

El llanto se detuvo

al intuir tu presencia

cual nube luminosa

en metamorfosis espiritual.

No te has ido, continúas aquí.

¡Ilumíname con tu luz!

A Papum I

Papum… tan calladito que te fuiste
montado en el ala de un suspiro
te marchaste al encuentro.
No quisiste despedirte.
Ahora solo queda esa estela,
recuerdos como luciérnagas de farol
que iluminan el norte
de tu ausencia profunda
que destroza y desgarra,
pero nutre y anima en el vacío,
silencio inmenso de tu ida.
Consumada está tu lucha.
Sin rendirte…
recorres rumbos de paz y alegría.
Satisfecho te unes
a los que ya fueron.
Tú… la fortaleza,
el ancla en la tempestad,
el brillo en el ocaso,
el móvil para toda causa
por los días de los días…

Vuelo enloquecido

Odio tus cuentos

- El odio es la cólera de los débiles.
Alphonse Daudet

No me gustan tus cuentos,
a veces ciertos, otros falsos.
No importa la clase,
los recreas a tu manera
y te reafirmas en la invención.

Los ficticios son los peores.
Nacen de tu imaginación,
insinuaciones provocadas
por viejas rabias sostenidas
sin causa real,
por tus malos cascos,
las atroces incriminaciones
y la desconfianza brutal.

¡Tan poco te aprecias!
¿Por qué culpas a todos?
¿Por qué te dejas embaucar?
Podrías discutirlo,
pero prefieres alimentar el rencor
y si posible, el odio latente
que carcome tus entrañas
y te impide la felicidad.

Ahora ya lo sabes,
no más disimulos
para que te enojes
y tengas el móvil para agredir.
No me gustan tus cuentos,
los he odiado siempre,
nunca comprendo la causa
escondida hábilmente;
me hieres; me injurias.
¡No quiero escucharlos más!

Grisselle Acosta-Vélez

Veterano incansable
A tío Quique

Se disipó tu sonrisa
y te marchaste,
mi Tite Morgan.
Cuanto luchaste
por ese soplo de vida,
guerrero infatigable.
¡Eras un pedazo de cielo!

Córdova Chirino,
tantos nombres
y a todos respondías
con tus chistes.
Tu alegría contagiosa
encendía como chispa
nuestras vidas.

Ahora te fuiste, Abú,
y no eres.
Abriste zanjas
que tus recuerdos sellan
vives en mí y en todos.
El silencio cunde,
mientras el dolor impera.

Triunfante en la batalla,
entrarás al cielo
donde Maiña te espera.
El corazón arremete enloquecido,
avispero de confusiones
y esperanzas fantaseadas.
La muerte lo perfecciona todo.

Vuelo enloquecido

Un mundo propio

A mi alumno J M

Parece increíble, pero es tan cierto.
Vives absorto en tu propio mundo,
ajeno a lo que ocurre a tu alrededor.
Hay que halarte al mundo
para que puedas despertar.

Dibujas y sombreas con afán.
No te cansas, las figuras
embozan el universo irreal
en que vives apartado,
alejado de lo circundante.

-¡Alerta, a trabajar!,
te interrumpo y me oyes,
mas no comprendes.
No entiendes las palabras,
han perdido su significado.
Alelado, te pierdes
abismado en tu irrealidad.

Grisselle Acosta-Vélez

Estás ahí...

Dedicada al primer aniversario de la
muerte de Heriberto A. Acosta Zaragoza.
1 de junio de 1916 - 18 de mayo de 2005

Nunca te fuiste;
cambiaste tu esencia
como alquimista que responde al llamado,
previsto y anunciado proféticamente,
por la ausencia de tus familiares y amigos.
- Se mudaron, respondía.
Ahora ya descifraste el enigma.

Estás ahí, Papum, no te fuiste.
Te encuentro constantemente
en las idas y venidas,
en el balcón con tus rodillas asomadas.
Pienso y te miro en mi mente.
Te oigo murmullando con el viento,
a veces ríes o susurras consejos,
tus palabras se afincan en mis pensamientos.
Tu silueta con un leve parpadeo se desvanece,
te difumas en la nada,
mas sé que estás ahí; no te has ido.
Te mantienes incólume, sereno,
sigilosamente callado observas
en la eterna espera por nosotros.

Estás ahí... en el remanso de los sueños,
en la brisa que acaricia,
en los momentos más difíciles
irradiando con tu sabiduría
la confusión que nubla el corazón y el pensamiento.
No te has ido; eres espíritu omnipresente,
generoso y compasivo, incomprendido muchas veces,
pero tan admirado y amado.

Vuelo enloquecido

El llamado nos asaltó por sorpresa,
tú cantabas como gorrión,
y sin miedo te marchaste.
Metamorfoseado, continúas ahí
resolviendo, ayudando, amparando.
Intuimos tu presencia,
Dios te dejó entre nosotros,
para culminar Su tarea.

Grisselle Acosta-Vélez

Los héroes olvidados

En honor a la Unidad 840 de la Guardia Nacional de Puerto Rico,
en especial, a mi hijo Bryan D. Vicenty y a todos los veteranos y soldados
de los Estados Unidos de América.

Me pregunto... ¿y qué piensan?
o de tanto escuchar y obedecer,
ya no pueden cuestionar.
¿Les han arrebatado sus pensamientos?
¿Les habrán borrado su individualidad?
¿Se les habrá secado su sabia interna?

Marionetas que mueven con hilos invisibles,
maltrechos, desprovistos, extenuados,
carentes de calor humano,
olvidados por unos,
ignorados y despreciados por otros,
por sus fueros sobreviven la orfandad.

¿Con qué fin? Traumatizados para siempre,
ya nunca serán los que marcharon
ni los que dejaron serán los mismos.
Si esperando el regreso, pierden las esperanzas,
la distancia y el tiempo debilita la relación,
si no persisten en su apoyo y cariño.

El enlace pasará al olvido,
y el amor se muere entre la soledad y el descuido;
sucumbe ante la carcoma del aislamiento.
La desconfianza y la incredulidad
endurecen sus vidas
y marchitan sus emociones.

Vuelo enloquecido

Desatendidos por los que decían amarlos.
Frente al cuadro devastador
intentan sobrevivir como autómatas
a un ritmo que sólo ellos escuchan,
sin comprender el infortunio
de sus experiencias alucinantes
que marca eternamente su esencia.

Acá no quieren pensar en ellos;
se encuentran tan lejos...
y para no sufrir
van tapiando los recuerdos
de la hidalguía altruista
menospreciando su gesta.

¡Qué absurdo sacrificio!
¡Qué siniestra la amnesia!
Suprimen en su memoria
la hazaña valiente y generosa
de estos luchadores incansables
por la libertad que les permite olvidarlos.

Ante esta injusticia,
el llanto callado no aguanta.
Brota el grito del alma
que desgarra las fibras del corazón
del que espera confiado en el regreso
de nuestros héroes olvidados.

Su ausencia perturba la paz.
La ignominia del trato afrenta
el sosiego y trastorna el espíritu.
Gracias, Señor, por el regreso de nuestras Tropas.
¡Qué el ansia aflore la esperanza
y las fuerzas borren el dolor!

Gracias

A Papum

Transfigurado y feliz

avanzas por el sendero de la luz.

Sembraste los cimientos con tu ejemplo.

Triunfaste porque nos enseñaste

a ser más humanos y honestos,

a reconocer nuestros errores

y a cumplir con los deberes.

Nos diste fe, autoconfianza y libertad

para desarrollar nuestro potencial.

Siempre atento a nuestras necesidades,

nos educaste para servir a los demás

y a encontrar la sabiduría frente a la adversidad.

Gracias por tu amor incondicional

que aun sigues brindando en nuestra memoria.

¡Tu espíritu alumbra nuestras vidas!

Vuelo enloquecido

Te digo adiós

El tiempo pasa...
los sentimientos se ahogan
cuando las esperanzas
sólo ofrecen dolores.

El alma solloza
desconsuelos y desamores
perdida su esencia
ante la pasión que la ciega.

No puedes comprender
como clavas las espinas
en un corazón ardiente
que por ti daría la vida.

Repites y recabas cuanto amas,
"eres la luz de mi vida"
mientras me destrozas,
con todas tus injusticias.

Inconsciente de tus actos,
no precisas tus acciones
que borran para siempre
lo que canta tu voz.

Grisselle Acosta-Vélez

Une promesse accomplie*

A mi hijo mayor Bryan

> But the rose was awake all night for your sake,
> knowing your promise to me;
> the lilies and roses were all awake,
> they sigh'd for the dawn and thee. **
> Lord Tennyson, *Maud*, viii

Segura… aguardaba,
no sabía cuándo ni cómo.
La espera fue larga...
angustiosamente extensa.
El desaliento aprisionaba mi espíritu
en la dicotomía espeluznante
entre la ilusión y el recelo.
El anhelo ferviente
afianzaba la fortaleza,
reforzaba la esperanza para persistir.

En alerta... la vigilia constante,
oteando y acechando las señales.
Atrapada en la búsqueda,
sin saber ni sospechar
el momento del encuentro.
Indagaba por doquier,
creía firmemente en Su promesa.
Sabía que vendrías,
pero la ausencia de los signos
atenuaba el esfuerzo de mi obstinación.

---

* Una promesa cumplida
** - Pero la rosa estuvo despierta toda la noche por ti, / conociendo la
promesa que me hiciste /los lirios y las rosas estaban todos despiertos, /
suspirando por el amanecer y por ti.

Vuelo enloquecido

Hubo momentos terribles
engañada por el vacío angustioso
y el hastío de la desesperanza;
la melancolía ahogaba la fuerza,
temblaba de ansia el corazón
inmerso en el limbo de la incertidumbre.
¿Hasta cuándo? Telaraña lacerante
que urdías en mi pensamiento
la suspicacia que azotaba el afán
e incitaba el suplicio de la frustración.

Pasaron los años...
el vacío insistente,
silencioso, internalizado e hiriente,
sangraba la esperanza.
Aun así, persistía el delirio;
la promesa se cumpliría.
Se avivaba el ánimo;
se encendía la ilusión.
La cristalización del prodigio
cincelaba la posibilidad de otro desacierto.

Llegaste cuando menos lo esperaba,
intentaba entenderte y descifrarte.
Tu carisma me inquietó.
Inquebrantable marcaste el inicio
buscando mi amparo,
me transformaste en tu norte.
Los indicios afloraron
y acallando el temor recalcitrante
de los desatinos previos,
germinaste en mi espíritu.

Temerosa ante el hallazgo
cuestionaba mi percepción.
Me convenció la sonrisa de tus labios,
la inocencia de tus ojos,
marchitados por la tristeza profunda
de tu solitario recorrer
desamparado entre espinas.
Te reconocí en ese espejo del alma
que me confirmó la esencia infalible
de la promesa cumplida.

No creciste en mi vientre,
sino en mi corazón.
Nutrido con mi espíritu,
amparado en mi regazo
como mi hijo mayor.
Enraizaste profundamente,
agregándote sosegado a los míos,
sufriendo la primacía
ante la insistente lucha
por tu realización.

No ha sido fácil comprendernos.
Somos tan parecidos, pero distintos.
Las experiencias que nos unen;
nos separan en las respuestas.
Hemos aprendido a aceptarnos,
a respetar las diferencias,
a no forzar los cambios
bajo el amparo de Dios.
Somos solidarios en las vivencias,
testarudos en la disposición.

Vuelo enloquecido

Susurro impetuoso y ocurrente
con denuedo enlazaste nuestras vidas.
Resuelto llenaste el espacio,
arcoíris jubiloso de esperanza.
Cobijado en la sinceridad, sin condiciones
sonríes animado por la tierna coraza.
Ensartaste tu propia estrofa
en nuestro poema familiar.
Eres la promesa encarnada.
¡Eres el regalo de Dios!

Grisselle Acosta-Vélez

A Maiña

La despedida no fue necesaria;
no eras tú quien yacía sobre la cama,
quedaba un cuerpo ausente de espíritu
como el Ka egipcio,
tu esencia se había marchado
al mundo etéreo de la celestialidad.

Hubiese querido el milagro
de tu reincorporación…
no podía acallar la ilusión falsa
porque quedaba una sombra.
Tú que compartías siempre la sabiduría
de los teses y los ensalmos,
nos curabas, ¿por qué no a ti?

No importa, el olvido jamás encarnará en mi cuerpo
aunque no encuentre palabras
para aplacar la pena.
Te veo en mis recuerdos,
ibas y venías, recorriendo las calles,
como gacela veloz cumplías tus deberes,
repartías sonrisas, charlabas,
samaritana y puntal de los velorios.
Ilia, Maiña, titi Ilia, la Negrín
plantabas semillas de amor.

Ahora escalabas la montaña,
deseabas alcanzar la cumbre
descifrando a cada paso la vida.
La escalada te robó tus fuerzas,
pero estás libre,
tu vista más amplia y serena.
¡Qué lástima que te marchaste!
Mi Tite Morgan se queda solito,
no debiste soltar el ancla
cuando el ventarrón divino azotó tus velas.

Vuelo enloquecido

Te disolviste con la Luna.
Un escalofrío sacudió tu cuerpo
y la niebla celosa se apoderó de ti.
Alzaste el vuelo por la ruta de la muerte
y llegaste al más allá
al punto de partida…

Grisselle Acosta-Vélez

Échec par amour*

À mes fils... pardon !**

No fue obstinación ni rebeldía
sino un deseo ardiente
convertido en sueño
que concluyó en pesadilla.

La culpa fue toda mía;
buscaba la perfección.
Amparándolos del entorno
que se colaba en sus vidas.

Como fiera furibunda los defendía
inconsciente del daño.
Los sacrificios nunca fueron suficientes
para privarlos de esas vivencias.

Los sufrimientos atajaron su quietud,
alteraron su tranquilidad
y maltrechos por la inexperiencia
absorbieron la hecatombe
desilusionados ante el engaño
de una realidad a medias.

---

* Fracaso por amor
** A mis hijos....¡perdón!

Vuelo enloquecido

No percibo resentimientos,
observo las heridas abiertas.
El aglutinamiento mordaz
que los consume a todas horas,
y con el brío que empalman diligentemente
para escabullirse de la realidad.

Existen inmersos electrónicamente
al margen de la vida;
auto encerrados en una quimera palpitante,
desvinculados y enajenados en la insociedad.

La muerte sigilosa

A titi Edith

Los rayos del Sol

    te murmuraron en la mañana.

Calladita marchaste al Señor.

    Cerraste los ojos…

te fuiste sin despedirte,

    un instante marcó tu ida

tan precipitada.

    Ahora descansas,

nada perturba tu sueño eterno.

    Retomas tu vida junto a Dios,

como no somos tan fuertes como tú,

    este adiós nos inunda en lágrimas.

Vuelo enloquecido

Hermoso

A Francis

Te soltaste en un murmullo
a tu encuentro,
balbuceando te marchaste.
Cuánto cuesta esta despedida
imprevista y repentina

Nada es eterno.
¡Ya lo sé!
Sin embargo, nos aferramos a la vida.
Todo es prestado
hasta que el Señor lo quiere.

Tu vida se escurrió entre las manos
de Yindy y Jeanny.
De nada valió luchar con el sino.
El corazón enloquecido y feroz
congeló la sangre.

Y la vida… se convirtió en telaraña
de confusiones y fantasías.
Hay que aprender a soltar,
aunque nada se olvida.
En la memoria se atesoran tus recuerdos.

¡Ahora ya caminas con Dios!

Despedida

Ahora... ¿para qué?

No deseo celebrar en agonía,

aliciente mortuorio.

El tiempo pasa y destruye;

la esperanza alucina.

Huye despavorida ante la realidad.

Te ríes; "Nunca es tarde."

¡Cuán equivocado estás!

Destruido está el deseo y el sueño…

Vuelo enloquecido

El reto

Apenas un minuto para decir adiós,
tan humano como cruel,
tan nostálgico como extraordinario.
Tarde o temprano los adioses
se escuchan elevándose al cielo;
como heridas al encuentro
que mariposeando se aferran a los recuerdos.

¿Paraíso o infierno? De ti depende...
Si vives con ilusión, el adiós será pasión, aventura y reto.
Tú controlas el momento; vívelo intensamente.
Tu vida es hoy; este instante.
Ponte en marcha; enfrenta tu tarea;
no abandones tus sueños.
Entreteje tus versos en el poema de la vida

Tu sonrisa, tu mirada, tu ternura
harán la diferencia en otros.
Si la vida te lastima,
inspírate en la palabra.
Hay que vivir sembrando.

A Papum II

… han pasado los años,
sin reflejarte en tu espejo,
sin escuchar tus pisadas,
tus pies descalzos ya no avisan
tu llegada ni tu ida.
Sólo queda el hueco inconsolable de tu partida,
vacío inefable que carcome,
mientras el recuerdo se acrecienta.
Se insufla cuajando
la soledad que dejaste con tu paso.

Te busco y no te encuentro,
pero sé que estás ahí,
te descubro sin pensarlo,
en los ademanes de tus nietos,
el palillo de dientes… tu sonrisa... tu cuchara,
en fin, los gestos tan tuyos,
se repiten inconscientemente en ellos.
Te personificas en ellos,
te encarnas en el devenir,
por unos breves instantes
encuentro tu ente fugaz.

Te fuiste, pero aun estás
en la memoria del corazón grabado
presente en los momentos inesperados.
Dejarte ir… soltarte…
cuán doloroso resulta.
Sé que ya no eres lo que fuiste,
por lo menos, no lo mismo,
transformado evocas vivencias
que no puedo echar a un lado.

Vuelo enloquecido

Heroísmo

A mi hijo Gabriel Enrique

"Un héroe lo es en todos sentidos y maneras,
y ante todo, en el corazón y en el alma."
Thomas Carlyle

Noble en tus sentimientos,
temerario en las acciones,
te lanzaste al reto.

El golpe del agua te arrastró,
no lograste el objetivo inicial,
pero luchaste hasta sobrevivir.

Los que se tiraron tras de ti,
se los tragó el río enfurecido,
con bravura los salvaste.

Arriesgaste tu vida por otros,
tu valor y generosidad
merecen admiración y respeto.

Felicidad

A todos los cabizbajos y alicaídos

La alegría aflora en tu interior,

si la alimentas.

No permitas que las angustias te sometan.

Sé valeroso y optimista.

Edifica tu felicidad dentro de ti mismo,

usa de norte los bellos recuerdos.

Intenta entender a los demás;

irradia luz para alejar las tinieblas.

Vuelo enloquecido

El retoño perdido

A Paola Tatiana

-Seul le silence est grand; toute le rest est faiblesse...
Fais énergiquement ta longue et lourde tâche...
Puis, après, comme moi, souffre et meurs sans parler.*
Alfred D. Vigny, *La Mort du Loup*

No deseo comprender lo pasado
tormento sangrante, incurable,
auténtico e ilusorio.
Fuiste la hecatombe alucinante
de aquel oráculo espeluznante
que religiosamente malograba mis sueños.

Jamás encontraré la respuesta
que cancele ese desconsuelo mordaz
que arraigó en mis adentros
al descifrar el nefasto acertijo.
Bastó un segundo, no más
para conocerte y perderte.

El enigma de tu presencia fugaz
perpetuado en mis ensueños angustiosos
desgarraban mi corazón,
triturando mis entrañas.
Tortura que tan solo mis aullidos
suspendían brevemente para recomenzar.

Te quisimos antes de tu concepción,
nos dejaste con los brazos abiertos.
Tu esencia se escabulló,
en medio del torbellino del martirio
que ofuscó mi espíritu
al cuajarse de un cantazo tu holocausto.

---

*Sólo el silencio es valeroso; lo demás es debilidad / Entrégate con energía a tu ardua
y larga tarea / Luego haz como yo, no digas nada, sufre y muere.

Grisselle Acosta-Vélez

Tu presencia etérea
sobrevive esa mortal realidad
que te arrancó de mi vida
chorreando nanas
a los confines de tu quimera
entrelazada en mi corazón.

Disfrazada la agonía,
el silencio ahoga la terrible vivencia
que imborrable e indescriptible
lacera insaciable mi aciaga existencia.
¡Oh, teatro fortuito!
Encierras mi melancolía.

Vuelo enloquecido

Grisselle Acosta-Vélez, natural de San Germán, Puerto Rico, estudió Literatura Comparada en el Recinto Universitario de Mayagüez, la Universidad de Chicago y la Universidad de Illinois en Urbana-Champaign. Posee una especialidad en Literatura Comparada y tres subespecialidades en Literatura Francesa, Literatura Americana y Literatura Hispanoamericana del Siglo XX. Fue profesora de Humanidades y Literatura Comparada en el Recinto Universitario de Mayagüez, donde se desempeñó como Subdirectora Asociada del Departamento de Humanidades. Posteriormente fungió como Subdirectora Ejecutiva del Instituto de Cultura Puertorriqueña. Ocupó varias posiciones de liderato dentro del Escutismo durante quince años, por lo que recibió The President's Volunteer Service Gold Award en el 2002, 2003, 2004 y The President's Volunteer Lifetime Service Award en el 2005. Actualmente es Catedrática Asociada en el Departamento de Lenguas y Literatura de la Universidad Interamericana de Puerto Rico, Recinto de San Germán. Pertenece al Colectivo de Artesanos de la Palabra del Taller Experimental de Redacción Creativa En los bordes. Ha participado en múltiples talleres de redacción creativa con Mairym Cruz Bernal, Arlene Carballo, Luis Enrique Vázquez Vélez, el Dr. Hamid Galib y otros gestores de la palabra. Ha declamado sus poemas en diferentes actividades en lugares como la Plaza Ramón Emeterio Betances de Cabo Rojo, la Plaza Francisco Mariano Quiñones, la Plaza Artesanal, el Teatro Sol de San Germán y la Universidad Interamericana de Puerto Rico. Ha publicado en dos antologías del Taller En los bordes. Vive con su esposo, cuatro hijos, (tres son Escuchas Águilas), seis gatos y dos perros.

Grisselle Acosta-Vélez